Bildnachweis

S. 4: Burdun/© Can Stock Photo Inc.; 5: Therina Groenewald/Shutterstock.com; 6: Gerd Altmann/ Pixabay; 7: iStock.com/Goads Agency; 8: Matthias Lefeling/Aus dem Buch *Pfusch am Bau*, riva Verlag; 9: Jason Patrick Ross/Shutterstock.com; 10 oben: Andreas Wohlfahrt/Pixabay, Mitte: iStock.com/Robby Fontanesi, unten: picture alliance/dpa/Marius Becker; 11: Deagreez/© Can Stock Photo Inc.; 12 und 13: picture alliance/Matt Dunham; 14: Bastian Rindtorff/Aus dem Buch *Pfusch am Bau*, riva Verlag; 15: Oleg Opryshko/Shutterstock.com; 16: Wavebreakmedia/Depositphotos.com; 17: Damrong Rattanapong/Shutterstock.com; 18: iStock.com/AntonioGuillem; 19: iStock.com/hamzaturkkol; 20: rbkomar/ Shutterstock.com; 21: oben: Jürgen Rübig/Pixabay, unten: iStock.com/Pongasn68; 22: iStock.com/ liveslow; 23: Ljupco Smokovski/Shutterstock.com; 24: Polizeipräsidium München; 25: iStock.com/ EmirMemedovski; 26: photocosmos1/Shutterstock.com; 27: Tamara Iva/Shutterstock.com; 28 oben links: Juanje Garrido/Shutterstock.com, oben Mitte: Alliance Images/Shutterstock.com, oben rechts: Darios/Shutterstock.com, unten links: photo_stella/Depositphotos.com, unten Mitte: Riccardo Piccinini/Shutterstock.com, unten rechts: RossHelen/Shutterstock.com; 29: Andrey_Popov/Shutterstock.com; 30: cunaplus/Shutterstock.com; 31: Andrea Raffin/Shutterstock.com; 32: Brian A Jackson/Shutterstock.com; 33: Eric Knapek/Aus dem Buch *Pfusch am Bau,* riva Verlag; 34: Jacob Lund/Shutterstock.com; 35: falco/Pixabay; 36: Aus dem Buch *Pfusch am Bau,* riva Verlag; 37 oben links: iStock.com/Clovera, oben rechts: Gino Santa Maria/Shutterstock.com, Mitte links: Stock.com/Philippe Degroote, Mitte rechts: razyphoto/Depositphotos.com, unten links: sbartsmediagmail.com/Depositphotos.com, unten rechts: Roman Samborskyi/Shutterstock.com; 38: Wisconsinart/Dreamstime.com; 39: Victoria_rt/ Pixabay; 40: Elnur/Shutterstock.com; 41: iStock.com/zoka74; 42: iStock.com/urbazon; 43: conzorb/ Shutterstock.com; 44: picture alliance/Herbert Knosowski; 45: iStock.com/SteevMcAlisterPhotography; 46 oben: sarahlawrence603/Pixabay, unten: Manfred Antranias Zimmer/Pixabay; 47: Leonard Zhukovsky/Shutterstock.com; 48: pixelklex/Shutterstock.com; 49: Zoonar/Axel Kammerer; 50: Elana Erasmus/Shutterstock.com; 51 oben links: DuxX/Shutterstock.com, oben rechts: New Africa/Shutterstock.com, Mitte links: rades/Depositphotos.com, Mitte rechts: Aigars Reinholds/Shutterstock.com, unten links: Andriy Blokhin/Shutterstock.com, unten rechts: Wolfgang Eckert/Pixabay; 52: vchalup2/ Depositphotos.com; 53: Standret/Shutterstock.com; 54: DisobeyArt/Shutterstock.com; 55: oscargutzo/ Shutterstock.com; 56: lev radin/Shutterstock.com; 57: Travelpixs/Shutterstock.com; 58: iStock.com/ RichLegg; 59: Jaromir Chalabala/Shutterstock.com; 60 oben: stokpic/Pixabay, unten: congerdesign/ Pixabay; 61: BalkansCat/Shutterstock.com; 62: picture alliance/dpa/Alexey_Druzhinyn; 63: Blastam/ Depositphotos.com

Am Ende wird alles gut.

Und wenn es nicht gut ist, ist es noch nicht das Ende.

Das *Glück* dieser Erde liegt auf dem Rücken der Pferde.

Alles im Leben hat einen Sinn. Manchmal braucht man ein wenig Abstand, um ihn zu erkennen.

Glücklich ist, wer vergisst, was nicht
mehr zu ändern ist.

Dein Leben wird sofort leichter,
wenn du *loslässt*, was du nicht
kontrollieren kannst.

Es ist nie zu spät,
das zu werden,
was du hättest
sein können.

Vergiss niemals,
wer für dich da war,
als es dir schlecht
ging.

Es kommt alles so, wie es kommen soll.
Und genau so, wie es kommt, ist es richtig.

Die *Natur* ist ein guter Ort, um unsere Natürlichkeit wiederzufinden.

Mache heute etwas,
worauf du morgen stolz
sein kannst.

Die Welt ist schön,
weil DU mit drauf bist.

Die guten Menschen sind die, die zu dir kommen, nicht die, die du suchen musst.

Genieße
den
Moment,
denn er
ist
einzigartig.

Alles, wovor du wegläufst,
ist nur
in deinem Kopf.

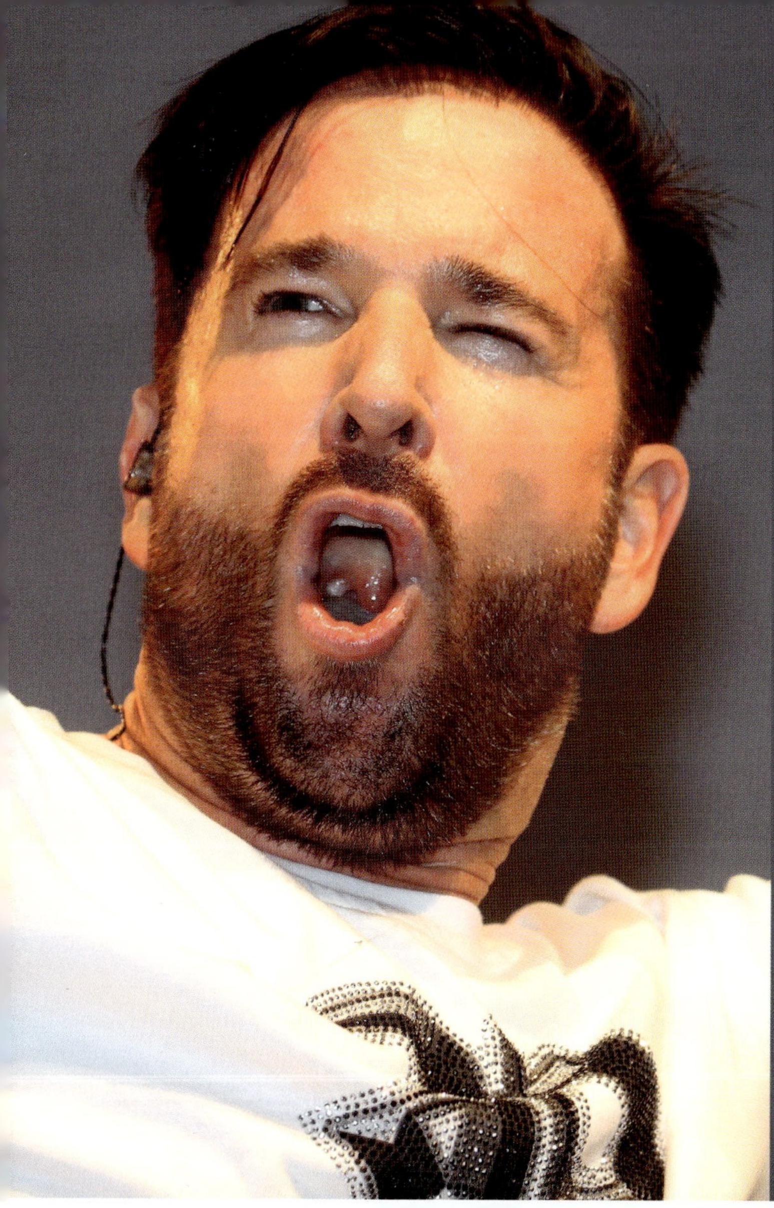

Nutze die Talente, die du hast. Die Wälder wären sehr still, wenn nur die begabtesten Vögel sängen.

Teilen
bringt Freude und
Freunde.

Tue, was du liebst,
und das Geld wird folgen.

Du musst das Leben, das
du geplant hast, aufgeben,

damit du das Leben führen
kannst, das auf dich wartet.

PLEASE
CLOSE
GATE
Nicht so viel denken!
Einfach machen!

Manchmal gibt es eine Verbindung zwischen zwei Menschen, die sich einfach nicht erklären lässt. Mit keinem Wort.
Nur mit einem Lächeln.

Das Schönste am Leben sind die kleinen Überraschungen, die es für uns bereithält.

Dein Körper kann alles schaffen.
Es ist nur dein Kopf, der dich zurückhält.

Gehe nicht den Weg, den jeder geht,
sondern geh *einen neuen* und
hinterlasse *deine eigenen Spuren.*

Alle sagten:
»Das geht nicht.«
Dann kam einer,
der wusste das nicht,
und hat es *einfach gemacht.*

Ich bin kein Engel, mache Fehler, bin nicht perfekt, nicht normal, manchmal verrückt ...

Aber wenigstens bin ich:

ICH SELBST.

Wo immer du auch
bist, sei mit allen
Sinnen dort!

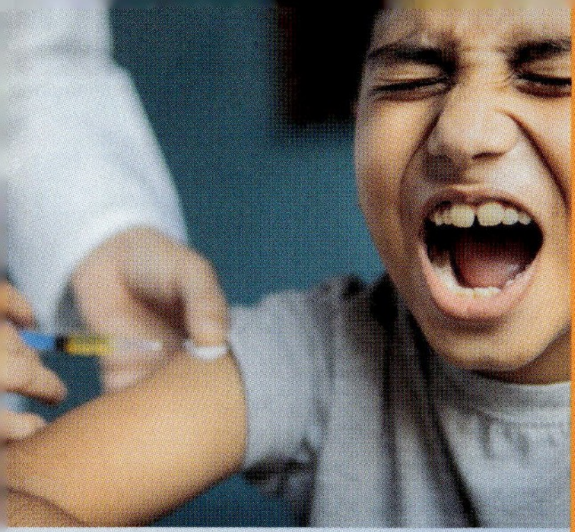

Life is a collection of moments.

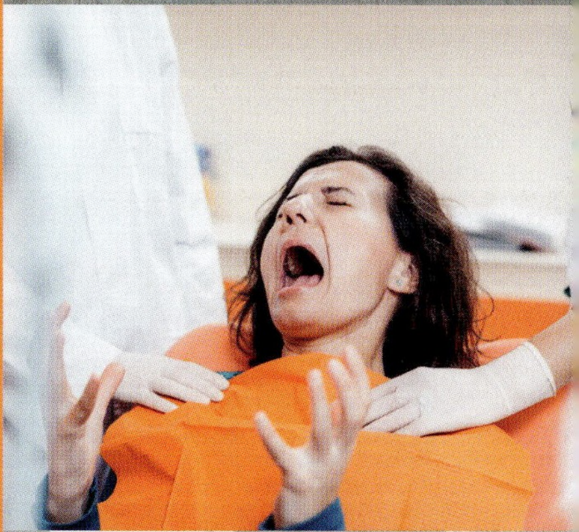

Eine wirklich gute Idee erkennt man daran, dass ihre Verwirklichung von vornherein ausgeschlossen erscheint.

Du hast drei Möglichkeiten im Leben:

aufgeben, nachgeben oder alles geben!

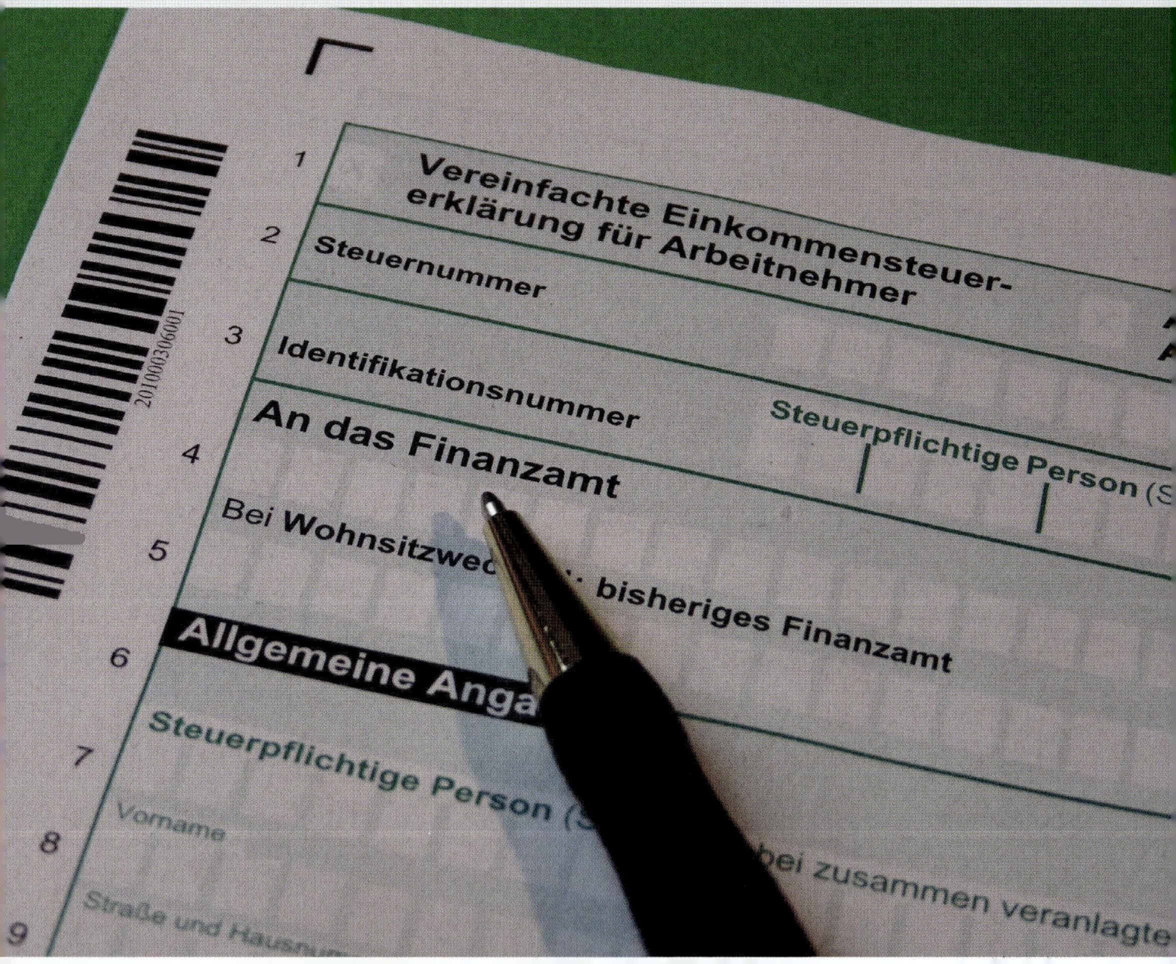

Wenn du die Welt verändern
willst, beginne mit dem Menschen, den
du jeden Morgen im Spiegel siehst.

Wahre Lebenskunst bedeutet, eine *Pause* zu machen, bevor dir jemand sagt: Du solltest eine *Pause* machen.

Mach, was DU für richtig hältst. Es wird immer jemanden geben, der anders denkt.

Schicksal ist, wenn sich zwei finden,

die sich niemals gesucht haben.

Ein anderes Wort
für Glück mit
5 Buchstaben?
KATZE.

Man muss das *Unmögliche* versuchen, um das *Mögliche* zu erreichen.

Jeder ist auf seine eigene Art besonders.
Aber *DU bist einzigartig.*

Life is too short to wait.

Sei, wie du bist,
denn so bist du
perfekt!

Momente, die dich sprachlos machen und dein *Herz berühren*, sind die Momente, die du nie vergessen wirst.

Manchmal laufen wir davon, nur um zu sehen, ob **WIR** jemandem so viel **WERT** sind, dass er uns folgt.

Lebe jeden Tag,
als wäre es
dein letzter.

Selbst der
Schlimmste
Fehler ist nicht so
schlimm, wie es nie
versucht zu haben.

Der einzige Unterschied zwischen einem guten Tag und einem schlechten Tag ist deine EINSTELLUNG!

Wir können nur
wachsen, wenn wir
Neues ausprobieren.

Das Leben hat keine Grenzen,
außer denen, die man selbst setzt.

Liebe
besteht zu drei Vierteln aus Neugier

Tradition ist nicht das
Halten der Asche, sondern das
Weitergeben der Flamme.

Es gibt Menschen,
die vergisst man nie,
weil sie einem etwas
gegeben haben, das
man gebraucht hat.

Es gibt nur einen richtigen Weg: deinen eigenen!

Vertraue der Zeit.
Die richtigen Türen
werden sich zur richtigen
Zeit öffnen.

Es gibt Menschen, die einen daran erinnern, **WER** man wirklich ist.

Zeit, die man mit der *Familie* verbringt, ist jede Sekunde wert.

Liebe besteht nicht darin, dass man einander anschaut, sondern darin, dass man gemeinsam in dieselbe Richtung blickt.

Live.

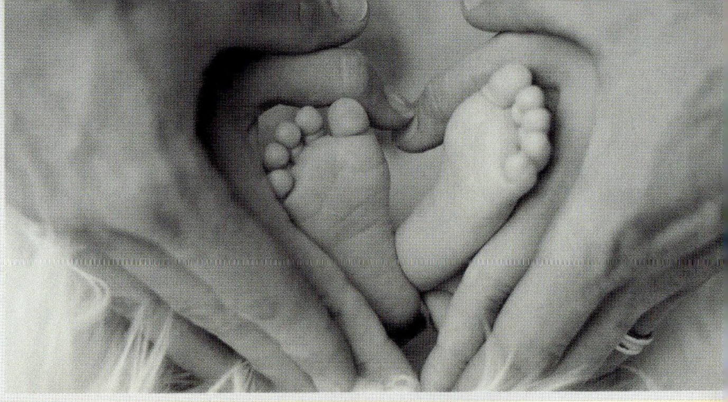

Love.

Laugh.

Einfach mal MACHEN.
Könnte ja
GUT werden.

Das Problem
ist nicht das
Problem.
Das Problem
ist deine
Einstellung
zu deinem
Problem.

Das Glück kommt oft unverhofft
durch eine Tür, die wir fest
verschlossen glaubten.

Es sind die
Kleinen Dinge,
die unser Leben
großartig
machen.

Nur wer loslässt,
hat die Hände frei.

Lass dir dein Leuchten
nicht nehmen, nur weil
es andere blendet.

Etwas ist nur **unmöglich**, wenn man **glaubt**, dass es das ist

Kalendersprüche neu bebildert

Cornelius W. M. Oettle

YES

Originalausgabe
1. Auflage 2022

Türkenstraße 89, 80799 München
info@yes-publishing.de

Umschlaggestaltung: Ivan Kurylenko (hortasar covers)
Umschlagabbildung: Blasket Island Ferries, Irland
Layout und Satz: Müjde Puzziferri, MP Medien, München
Druck: Graspo CZ, Tschechische Republik
Printed in the EU

ISBN Print 978-3-96905-207-5
ISBN E-Book (EPUB, Mobi) 978-3-96905-209-9
ISBN E-Book (PDF) 978-3-96905-208-2

Kalendersprüche

neu bebildert